成為一個完全的人

—👑道德自我教育法👑—

作者：劉紀盈

1

推薦序

　　本人服務於教育界多年，從國小老師當到大學教授，對於教育重要議題、教育研究與發展趨勢，相當地關注，投入心力蒐集文獻，並閱讀相關的教育論著。個人發現，國內觸及「道德自我」的教育著作，相當少見。我個人的印象裏，好像只能想起已故的哲學教授，唐君毅所著的「道德自我之建立」這本書。

　　最近，個人有幸可先閱讀劉紀盈校長所編著「成為一個完全的人 - 道德自我教育法」一書，獲益良多，迫不及待地想與讀者分享心得。本書架構清楚完整，立論建基在哲學與心理學之上。作者將理論通俗化，輔以實例說明，不高談闊論，提綱挈領，讀者很快就能掌握書中之要旨。

　　讀者認真研讀本書後，能夠瞭解道德自我之意義、功能與發展，另可嘗試書中的自我教育法，對確立個

人牢固的人生觀很有幫助，並可指導個人獲得健全的道德自我。本人極力推薦這本深具參考價值的道德教育著作，對關心道德自我教育者，或是相關的教育人員來說，它也絕對是一本值得參考的好書。

南投縣前教育處長與臺中教育大學教授

黃寶園 博士

自序

　　本書的立論建立在哲學與心理學基礎之上。自我從古到今，一直是哲學裏重要的議題。希臘哲學家蘇格拉底，主張認識自我是追求智慧與道德的源頭。他最有名的話是：我只知道一件事，那就是我什麼都不知道。他承認自我的無知，虛懷若谷，經由辯證對話法，瞭解事情真象，追求真理，為擁護真理而死，成為西方世界公認的智者，知德合一雙修的聖人，名留史冊，享譽哲學界數千年之久。

　　俄羅斯學者伊·謝·科恩研究顯示，兒童的自我形象在兒童道德自我形成上，起著非常重要的作用。兒童的自我整個穩定性與他的道德理想發展穩定有密切關係。當個體自我確立牢固的自己人生觀立場以後，個體才能獲得穩定的道德自我。

　　基於上述哲學實例與研究結果，本書先從自我談起，讓讀者瞭解自我的功能與重要性。其次，提出道

成為一個完全的人
道德自我教育法

德自我的意義、功能與發展，希望每位讀者瞭解道德
自我對個體的重要性。最後，筆者提供一些簡易可行
的自我教育方法，讀者不妨採行訓練，這將對個人的
道德自我精進會有幫助。

　　本書與其他論及道德的書不同，它以哲學與心理
學理論為基礎，兼顧實例與方法，論說明白易懂，文
字淺顯流暢，言簡意賅，是一本值得閱讀的道德教育
書籍。

劉紀盈 謹識

一一〇年八月十五日

致謝辭

　　資訊科技發達，3C 產品普及，改變許多現代人的閱讀習慣。越來越多的人上網查閱資料，越來越少的人想去買書，導致實體書店經營不易，獲利大不如前。基於商業利益的考量，著作在市場上無法暢銷，或讀者的接受度不佳，一般而言，出版社是不會出版此類的著作。

　　本人不是學者，亦不是作家。我獨力完成著作後，聯繫幾家出版社，都得不到回覆。我覺得我的著作有它的教育價值存在，因此，無論如何都要出版此書。於是，鼓起勇氣找來臺中市烏日區光德文化協會創會理事長、本校家長會顧問，也是童話幼兒園董事長的林永成先生，及諾貝爾幼兒園董事長林松柏先生，向他們說明本人出書的目的與理念。他們二話不說，馬上慨允贊助出版本書的經費。本書得以順利出版，兩位林先生是最大的功臣與推手。在此，我要向他們致上十二萬分的謝意與敬意！同時，也希望本書能給讀者帶來好的啟示與助益。

九德國小 劉紀盈 校長

110 年 8 月 16 日

僅以此書的出版

當作是一份禮物與心意

獻給

工程進行中的

九德國小三十週年校慶

校長 劉紀盈

❀ 目錄 ❀

成為一個完全的人
道德自我教育法

第一章 聊聊自我

第一章 聊聊自我

> 如果忽略自我，人生問題難免顯得
> 空泛。　　　　　　- 台大哲學教授傅佩榮

　　在日常生活裏，偶而可以聽到人們說：「你可不可以不要這麼自我！」這句話對聽者而言，往往會產生不好的感受，因爲聽者有可能將自我等同於自私或自我中心，而將你視爲一個幼稚不成熟的人。

　　自我與自我中心是不同的概念。自我中心是二至四歲幼兒明顯的行爲特徵，你問這個發展階段的小孩，他回答的話語中總是圍繞在我、我的、小明（回答者的名字）的…等，一切都以孩子自己爲主體，不會考慮到他人的立場

與想法，這種現象發生在我們眼中可愛的、天真的、充滿各種成長潛能的幼兒身上。

自我與自私也是不同的概念。自私不是只有發生在幼小階段而已，任何年齡層都會發生自私的現象，然而並不是每個人都是自私的。有些人，在處事待人各方面樂於分享，為善不欲人知，經常捐款救濟貧病弱勢人士；有些人，吝嗇且一毛不拔，取之於人者多，而不想回饋於他人，成為一個真正自私的人。自私是一種個人的人格特質，有此特質者，往往基於利益權益，而不惜採取各種（激烈）手段爭取小我的小利，以滿足自己的私慾。自私並不全然是不妥的行為，當我們在合法合理的情境中，採取多數人認可的抗爭行動，用以申張維護我們的基本權益，這是許多民主國家常有的社會運動。

自我中心與自私的概念，作者以自身所學與經驗，予以簡要的闡釋。讀者對這二個概念，可能也有自己的解讀觀點。我提出這樣的分析，如果能引起讀者重視思考這二個概念，也是非常好的一種思想交流。在解析自我中心與自私等概念後，接著來聊聊內涵豐富、多元的自我這一概念。

一、自我的意義

自我這一個概念，從古時候到現代一直受到人們的重視。在希臘特爾斐神廟牆上刻著「認識你自己」的名言，這是古希臘時代探討人生奧秘的箴言。

西方倫理哲學的啓蒙導師蘇格拉底，畢生研究和強調的中心是人，是自我。在他看來，人的可貴在於有探索眞理的精神，有自我反省的意識，能夠承認自己的無知，進而認識自己，探求眞知成爲一個愛智之人，這是人與動物的根本區別之點。

通常人們以爲最瞭解自我的是他自己本身，可是在心理學家的眼中並非如此，他們指出眞正瞭解眞實自我的，往往不是當事者本人。自我的眞實意義多元豐富，並不是只有心理學家才研究自我。哲學家、神學家、文化人類學家以及社會學家也關注這個議題。不同領域的研究專家，對自我意義的界定，自然會有所不同，但他們強調的自我之主要特徵，應有些共通之處，可供讀者自行參酌採信。

一百多年前，美國心理學之父威廉・詹姆斯聲稱「自我是個人心理宇宙的中心」，也就是說，如果我們對自我

沒有清楚地認識把握，就不可能對人類行為有完整地和深刻地理解。因此，他將「自我」下了這麼一個定義：「自我是自己所知覺、感受與思想為一個人者」。

臺大哲學系傅佩榮教授指出：「自我」是指我自己是一個主體，能夠意識到自己跟別人的不同，因此表現出來的行為具有自我的特色。傅教授近一步指出：如果忽略自我，人生問題難免顯得空泛。一個有負責態度的人，大概只有正視自己的生命，努力「從自我出發」。

前文提及，「自我」讓某些人聯想到一些貶義，誤認為自我是自顧自地自私自利的意味。嚴格地說起來，「自我」這個名詞是在接受西方觀念後所創出來的名詞，它不是指自己的意思。根據西方權威韋氏字典的定義，自我是指：「一個可以與他人分開的個體、一個人對自己的認定、一個人的人格及特點」。分析至此，對自我有了基本認識。自我讓個體擁有主體性，表現出與他人不同的特質，讓自己成為真正的自己；自我也讓個體能積極地去知覺、思考與被知覺、被思考，讓自己能夠看見我自己。自我使每個人都不一樣，讓世界擁有形形色色的人。

二、自我的分析

在圖書館和書店裏可以找到有關自我的著作，有些小說與詩歌也在探索自我的性質。自我領域的研究，當然不是僅有心理學家而已，社會學家、神學家、文化人類學家、人格理論研究者、哲學家等也都關注這個領域。美國華盛頓大學喬納森‧布朗教授指出：自我的研究發生類似爆炸式的增長，專門研究自我的雜誌在增多，每個月也有數十篇關於自我的論文和文章在發表，這其中有令人興奮的新見解和新發展。自我的研究可說是百家爭鳴、百花齊放，各有擅長。在眾多的自我研究分析中，不同專家學者有不一樣的分析論述。本文無法一一詳細舉例說明，謹以作者本人立意抉擇之文獻來分析論述。

早在西元一八九○年時，美國心理學的建立者威廉‧詹姆斯在他所著的心理學原理中，指出自我包括「純粹的自我」與「經驗的自我」兩方面。純粹的自我是個體能經驗、知覺、想像、選擇、記憶和計劃的主體；經驗的自我用來指代自我中被注意、被思考或知覺的客體。舉例言之，當我說：「我看見小明」時，這個我就是指純粹的

成為一個完全的人
道德自我教育法

自我；當我說：「我看見我自己」時，前一個我是看的純粹自我，後一個我自己是看的經驗自我。

威廉‧詹姆斯在進一步分析，他認為自我的客體由三部分組成：

（一）物質自我：指真實的物體、身體、衣物、財產、寵物、地點等，還可簡單分為軀體的自我與軀體外自我的所有物兩大類。

（二）社會自我：指我們所擁有的各種社會地位和我們所扮演的各種社會角色。在不同社會情境中，我們就會有不同的社會自我。

（三）精神自我：指個人的特性而言，如一個人的態度、動機、能力、興趣、特質等內部的心理品質。

假設甲乙兩位同學在物理科考試上都得 70 分，甲同學可能不滿意，因為他覺得應該可以考 80 分的；乙同學卻可能很滿意，因為 60 分他就滿足了。同樣的一個考試結果，兩位同學的自我情緒反應卻截然相反。這正如現象學學說所指，人們對事件的反應並不只有取決於事件本

身，人們賦予事件的意義更深地影響人們的自我感受和自我概念。喬納森 · 布朗教授研究自我超過了 30 多年，也完成了「自我」專書的著作。他從自我感受和自我觀念影響方面，區分出四種自我類型：

（一）可達自我：這類自我是可以實現的可能自我。個體本身擁有潛能，只要努力、認真學習，就可達到他想要或能夠成為的自我。

（二）理想自我：這類自我是理想的、崇高的、光輝的自我觀念，如：我夢想成為一個諾貝爾獎獲得者。這類自我意象對多數人而言，可能只是幻想而已。

（三）應為自我：這類自我是我們應該成為的或扮演的自我，如：一位已婚婦女，她感到有責任成為〝相夫教子的賢妻良母〞。

（四）不欲自我：這類自我是人們害怕或不想成為的自我，如：人們害怕成為〝商場上的失敗者〞、〝情場上的失意者〞或〝家族的敗家子〞。

國內學者張春興教授指出，構成自我觀念的客體我並

成為一個完全的人
道德自我教育法

非只有一個。有的心理學家也認為，清楚地說明整個人格結構的內涵，須有六個我的看法：（1）實際的我；（2）自己眼中的我；（3）別人眼中的我；（4）自覺別人眼中的我；（5）自己心中的我；（6）自覺別人心中的我。

　　學者依不同專長領域進行自我分析研究，得出各種不同的自我內涵分類。有學者將各種分類統整成簡明、清楚的說法，他們指出自我有主體我（即純粹自我）與客體我（即經驗自我）之分。主體我是行動者，屬於「我行」的部分；客體我是反省者，屬於「我知」的部分。

三、自我的功能

　　根據自我的分析探究結果，我們不妨說一個人實際上可能有多個「自我」，這種說法是指個人在不同的情境下可能會呈現出不同的形象。在社會心理學家的研究中也指出，自我是極為複雜的，有時是統整一致的，有時卻是相互矛盾或捉摸不定，並將此現象稱之為「自我複雜度」。

　　自我使個體能夠意識到自己跟別人的不同，因此表現出來的行為也是具有自我特色的。我們不妨說自我決定了你之所以為你！自我也決定了：你認為自己是什麼，你在

做什麼，以及你能變成什麼！學者威爾斯指出，自我是學習來的，不是繼承而得的。從生命的最初期，人們就開始累積有關自己和世界的資料。人們成長的背景、經驗與學習內容不同，因此，人們的自我結構是複雜的，各個都不相同。

自我的複雜度形成了獨特的個體，每個個體都是獨一無二的，即使是同卵雙胞胎，也存在區辨他們不同的特徵。因此，自我的種種不同功能，造成各具特徵、各有差異的個體。

學者喬納森‧布朗長期研究自我，他統整提出自我的六項功能為：（一）有助於我們區分自己與其他人或物；（二）具有動機和意志功能；（三）帶給我們連續感和統一感；（四）具有重要的認知功能；（五）會引導人們的行為；（六）具有動機功能。

美國學者奧爾波特有鑑於多數心理學者對自我（ego或self）名稱賦予的意義不盡相同，容易產生混淆，於是他另創一個新詞「Proprium」，黃堅厚教授將之譯為「統我」。奧爾波特的統我具有八種功能：（一）能體察自己

成為一個完全的人
道德自我教育法

身體的存在；（二）產生自我的認定；（三）表現出自尊心；（四）察見出自我是不斷延伸的；（五）自我形象的出現；（六）成為有理性的因應者；（七）個人目標的出現；（八）自我覺知的出現。

哲學教授吳怡談及責任感中的自我時，他指出責任感自我須：（一）能面對問題，努力去解決問題；（二）能承擔一切；（三）須任重道遠，從自我的成人做起，而達到大我的成物。

在討論自我的功能時，不同的學者有不同的論說。前教育部長郭為藩教授從自我心理學角度，將自我功能統整成為：（一）具有自我意識的功能，自我使個體在認知與行動時，隨時能與自己相參照，讓個體的行為一致，並能知覺其意義；（二）具有自我維護的功能，自我會維持本身結構的穩定與統整；（三）具有自我肯定的功能，自我具有加強自己對個人價值知覺的作用；（四）自我實現的功能，自我能使個體展現內在的潛能，使自己成為真正所要成為的自己。

四、自我的實現

　　人為萬物之靈，人類在各方面的表現，遠遠超乎一般動物，並且建立了高度進步文明的社會。人類與動物的不同，不僅呈現在生理、心理層面，連我們想像得到的地方，動物與人類都有顯著的不同。傅佩榮教授指出，一般的動物只有意識，所以天冷天熱，肚子飽肚子餓，會有感覺、反應。但是動物沒有自我意識，牠本身無法去思考「我」這樣的一個生命體，不知要如何安排牠的生活。動物不會意識到牠自己是某一種動物，因為牠的意識無法形成自我。人類則大不相同，不僅有自我意識，還會自我反省、自我觀照、把自己當作觀察思考的對象，如此一來，自己不但是主體，同時也是客體，這樣就形成了人類的自我結構。

　　人類的自我經研究可統整出具有意識、維護、肯定增強、實現等四項功能。自我功能發揮愈完整的個體，他的人格將會愈高尚，心身方面將會愈健康；自我功能愈不彰的個體，在人格、心身各方面愈不健全。嚴重時，個體也有可能產生自殺，或是自我毀滅的不幸行為。

成為一個完全的人
道德自我教育法

美國學者馬斯洛提出需求階層論，如下圖所示：

自我實現

發展需要	眞、善、美 自我滿足、有意義感 個人風格 正義、秩序 單純、豐富 完整、完成、完善
基本需要	自我尊重與受人尊重的需求
	愛與歸屬的需求
	安全與保障的需求
	生理需求

外部環境

　　這個理論的要旨在強調人的需求有高低層次的區分，當低層次的基本需求無法滿足時，人類是無法去追求高層次的發展需求。舉例而言，一個三餐溫飽都有問題的人，我們很難期盼，他賺大錢去幫忙許多貧困弱勢的人。這個理論也暗示我們，人與一般動物不同，一般動物都在追求基本需要的滿足而已；人在基本需要獲得滿足之後，他會更進一步追求發展需求的滿足，成為一個自我實現的人。

一個自我實現者，根據學者馬斯洛研究指出，他的行為表現有下列幾點特徵：（一）對於現實有正確、完全的知覺；（二）比較能悅納自己、他人和一般自然界現象；（三）行為有自發性、單純而自然；（四）傾向注意問題，而不太注意自己；（五）具有脫俗的品質和獨處的需要；（六）具有自主性，不依賴他們的環境和文化；（七）對於生活中的事物能保持欣賞的態度；（八）不時會有高峰經驗；（九）會向整個人類認同；（十）接受民主的價值；（十一）只和少數人建立深厚的人際關係；（十二）有很強的倫理觀念；（十三）有完美而不傷人的幽默感；（十四）具有創造性；（十五）能抵擋文化潮流的感染。這些自我實現者的正向特質，對人、對己、對社會而言，都是重要的且不可或缺的。

　　自我實現是人生的一個崇高的目標，自我實現使人成為自己最想要成為的理想自我。那要如何才能達到自我實現呢？作者根據傅佩榮教授之觀點，加以補充闡明，提出下列階段說：

　　第一階段自我認識：認識自己是一個人發展生命的開端，人不僅要瞭解自己的生理、心理的條件與狀況，更要

成為一個完全的人
道德自我教育法

知道自己的優勢與弱勢能力,進而充分發揮優勢能力,補強弱勢能力,如此在人生的競賽場上,才能立於不敗之地。

第二階段自我定位:認識自己之後,進而要瞭解自己在人生地圖上的哪個位置?要前進到哪個標地?目標定位明確,人生就有前進的正確方向與動力。

第三階段自我成長:人生路上不斷地學習充實,精進自己的知識與能力,面對問題,解決問題,累積自信與成就感,為達成自我實現做好充足的準備。

第四階段自我超越:自我的正向功能之一就是實現自我,它不會滿足於現狀,它會有更高的發展需求,它要好而且要更好,在這樣的動機引導之下,許多人克服困難、挫折,成為一個真正的自我實現者,在各自的發展領域上,擁有不凡的成就。

五、自我實現的典範 - 范仲淹

岳陽樓記的作者,北宋名臣范仲淹,他所說的「先天下之憂而憂,後天下之樂而樂」,正是他高貴人格的寫照。他的言行舉止,生平事蹟,對己、對人、對社會國家而言,都表現出利他精神,是一位充分地自我實現者,足為世人

效法的楷模，茲簡述其重要懿行：

范仲淹字希文，宋蘇州吳縣人，生於宋太宗端拱二年。自幼而孤，家貧無所依。范仲淹非常好學，日夜讀書不間斷，每日煮粥一碗，分為四份，早晚吃兩份，以青荣數根，放點鹽進去果腹。冬天讀書疲憊時，便以冷水洗臉，來提振精神。范仲淹在當秀才時，就立志要做一個對天下蒼生有所貢獻的人。在宋真宗大中祥符八年，他通過科舉考試，成為進士。

范仲淹為官律己甚嚴，正直敢言，從不考慮自己的仕途。每到一地任職，重視教育，培養人才，興修水利，民得安居，政績斐然，做到為官一任，造福一方。

宋仁宗天聖五年，范仲淹在母逝服喪期間上呈執政萬言書，受到宰相王曾的器重。宋仁宗康定元年，范仲淹任陝西經略安撫招討副使，兼知延州。他在陝甘邊境三年，號令嚴明，愛撫軍士，對近邊部落恩威並施，邊境漸安。當時邊民有歌謠道：軍中有一范，西賊聞之驚破膽！仁宗慶曆三年，西夏畏服。平定西夏後，范仲淹拜參知政事，權同宰相。仁宗對他頗為器重，命其對朝政提出改革意見。范仲淹在奏疏上建議仁宗下詔天下興學取士，首先要

成為一個完全的人
道德自我教育法

看中考生的德行，不能僅看文章的好壞；改革官吏的升遷制度，以能力高低選官，並減少大臣子弟任官的數目，避免濫派官職；用農桑增產的標準，來考核地方官員的政績等等。他的建議對朝廷內既得利益者與守舊派很不利，所以他們對范仲淹交相攻擊。仁宗慶曆五年，范仲淹罷相，出知青州。他六十四歲時，病死於青州。朝廷諡他為文正，並追贈他為兵部尚書。後人景仰他，都稱他為范文正公。

范仲淹最為人稱頌的是興辦義學和義田。他在家鄉買了一塊地，蓋起學堂，延聘名師教育年輕學子，為朝廷、社會培養人才，而有「蘇學天下第一」之譽。他並購買家鄉附近的良田，名為「義田」，供貧困的鄉民耕作。

范仲淹一生在朝為官，但不忘回饋鄉里，救濟貧民。他死後入殮時，數百族人來到祠堂，像死去父親般地傷痛；他任官服務過的地方，百姓為他畫像建祠，追思悼念。人們歌頌他說：「朝廷無憂有范君，京師無事有希文」。

范仲淹仁慈濟世的懿行，充分展現自我實現，對社會朝廷大我的無私奉獻，這種偉大利他的精神、思想和作為，千古之後仍永留百姓心目之中，永遠為後世子民之典範。

參考書目

1. 王偉平、陳浩鶯譯（民104）自我（D.B.Jonathon&A. B.Margaret, The Self, 2th ed.）。北京：人民郵電出版社。

2. 陳浩鶯、薛貴、曾盼盼譯（民93）自我（The Self, by D.B.Jonathon,2004）。北京：人民郵電出版社。

3. 吳怡（民99）我與心：整體生命心理學。臺北：臺灣商務。

4. 呂勝瑛譯（民76）增進自我概念（J.Canfield&H. C.Wells,100ways to enhance Self-concept in the classroom a handbook for teachers and parents）。臺北：遠流出版事業股份有限公司。

5. 張春興（民79）成長中自我的探索。臺北：東華書局。

6. 郭為藩（民61）自我心理學。臺南：開山書店。

7. 黃堅厚（民88）人格心理學。臺北：心理出版社股份有限公司。

8. 傅佩榮（民92）釐清自我的真相：從心理學談起。臺北：天下遠見出版股份有限公司。

9. 傅佩榮（民81）從自我出發。臺北：洪健全基金會文經學苑。

10. 張春興、劉焜輝、廖鳳池、蔡麗芳（民83）：諮商員專業自我理論的建構：諮商員自我認知評量表的編製。教育部輔導工作六年計劃研究報告。

11. 釋慈智（民103）當下善轉：十二堂歡喜自在的修心課。臺北：商周出版。

第二章　談談道德

第二章 **談談道德**

有道德始有國家，
有道德始有世界。

-- 孫中山（亞洲第一個民主共和國創建者）

二〇一八年一月十八日的大紀元時報文教財經版有篇報導指出，作家張曉風認為，臺灣犯罪率越來越高，殺人手法越來越兇殘，她批學校不能只教學問，應該教人追求道德。孩子小的時候就要把道德的美教給他們。她認為學校不應淪為販賣學位的地方，學校的任務是要做到學生的全人格的教化。針對社會上層出不窮的問題，她指出回復道德倫理的課程，才是真正的解方。

同一篇報導中還提到，「孫文學校」校長張亞中要透過公投，以眾人力量，藉此要求未來的各級國民教育課程

中，恢復倫理道德教育，並增加中華文化基本教材分量。張教授認為道德倫理教育在十二年國教中消失殆盡，再這樣下去的話，未來國家主人翁只知學習西方個人權利義務那一套，而成為不認識中華文化倫理道德的那一群人而已。

邇來，在報刊雜誌與時論上，常會聽到一些名人或專家學者，疾呼要拾回倫理道德教育。他們認為當今社會的各種亂象，吸毒、搶劫、殺人、詐騙、擄人勒索等，是社會道德淪喪所造成的惡果。所以，他們沉重地呼籲政府與社會各界須積極地加強道德教育。

一、道德的意義

前引大紀元時報的報導，有些學者與名人，認為實施倫理道德教育，可減緩社會各種亂象與層出不窮的問題。倫理道德這四個字，不時掛在許多人們的嘴上，這四個字每人也都耳熟能詳，但人們真能瞭解其意義嗎？

倫理道德四個字，它是由倫理與道德兩個概念組成的。這兩個概念，不同的專家學者可能有不同的詮解，對其進一步探究分析，可明白兩者的異同。

哲學裏面有一門專門研究道德的學問，又名倫理學。因此，有些學者主張道德學就是倫理學，倫理學就是道德學，如：民國二十六年溫公頤教授出版的「道德學」；四十四年謝扶雅教授出版的「當代道德哲學」、四十五年范錡教授出版的「倫理學」、五十年黃方剛教授出版的「道德學」，有所謂的倫理與道德皆以源於風俗習慣，根本是一個相同東西的說法。任卓宣教授在所著的「國父底道德學說」一書中，主張「倫理」二字與「道德」二字，是相同的、通用的。這些學者的看法認爲，倫理與道德是相同的概念。

　　倫理一詞最初見於「禮記樂記篇」。「樂記」曰：「樂者，通倫理者也。」鄭玄「禮記注」曰：「倫猶類，理猶分也。」可見倫理的本意是指萬事萬物類屬間的條理而言。先秦儒家的孟子與荀子始將「倫理」指陳爲人類社會相待相倚之生活關係，因此，「倫理」一詞可簡單解釋爲人與人相處的道理。

　　道德一詞由道與德二字複合而成。在中國哲學中，宇宙之本體稱爲「道」。「中庸」曰：「率性之謂道。」「道不遠人，人之爲道而遠人，不可以爲道。」以上所引

成為一個完全的人
道德自我教育法

的「道」字，可引申爲道理、法則，指爲人處世的道理或事物存在的原理法則。

「德」字的音義與「得」字通，如「禮記樂記」：「禮樂皆得，謂之有德。德者，得也。」在西方，道德 Moral 這個字爲形容詞，來自拉丁文 Mores，原意是指風俗，其單數 Mos 就是習慣。所以，道德二字就是指個人遵循社會的風俗習慣所表現的一種合宜的行爲。學者張家蕙認爲，倫理比較具體，指人與人之間相處的道理；而道德則較廣、較深、較爲抽象，涉及理性的認知與意識的層面。就層次與範圍而言，兩者是有區別的；就作用與功能而言，兩者大致相同，所以常有人將此兩名詞連稱或互用，其理由在此。本書採用層次、範圍較深、較廣的道德一詞，來取代倫理一詞，並進一步對道德相關議題加以論述。

二、道德的內涵

從字源學觀點談論道德二字，其原義是指風俗習慣。各國各地社會文化、民情風俗、固有傳統與精神不盡相同，因此，世界各國對道德的內涵論述有些微差異。

西方最早集中研究道德學說的是蘇格拉底，他認爲一

個沒有道德行為知識的人,是不可能做出符合道德要求的行為,很多人作惡是由於無知,有知識者不會作惡。行為只有在智慧的靈魂指導下,才能成為德行,要行善必須有知識,這種知識即美德的觀點,就是蘇格拉底的道德觀。

蘇格拉底的學生柏拉圖,他是西方最早提出四樞德-智、義、勇、節的人,柏拉圖認為這些道德是其他一切道德之樞紐,因為任何道德,如果缺乏了智慧、正義、勇敢、節制,便無法成為完整的道德。柏拉圖肯定這四樞德的超越性與高貴性,比起其他德性,四樞德是更為重要。

古代西方集學問之大成者亞里斯多德,他將德區分為理智之德及倫理之德。知識、理解、思想屬於理智之德,寬容、節制則屬於倫理之德。理智之德的產生與發展主要憑藉教育,而倫理之德則由習慣產生。亞里斯多德認為道德,有知識的層面,也有習慣的層面。知而不行的人不是有德之人,充分知悉正義、勇敢、慎思、虔敬等意義,並能適時實踐者才是有德之人。

古希臘的三位哲人:蘇格拉底、柏拉圖、亞里斯多德,他們的道德、學問、人品一直是西方人士學習的楷模,有人稱他們為「西方三聖」。他們三人的師生關係,追求學

成為一個完全的人
💠 道德自我教育法 💠

問與真理的精神，也是西方學界所追求效法的典範。這三位重要思想家的道德觀，可說是西方道德學說的源頭，對後世西方道德的研究有深遠的影響。

在東方世界，儒家思想一直都是中國傳統的主流，其影響力更擴及東亞與東南亞各國，在亞洲是倍受重視的思潮，它起源於孔子，傳於後世。孔子之後，儒學最出名的兩位代表當屬孟子和荀子。

孔子是至聖先師，孔子的教學重點有四項，即文、行、忠、信。他不語怪、力、亂、神。教弟子，入則孝，出則悌，謹而信，汎愛眾，而親仁。

孔子在論語裏講「仁」的次數非常多，每次所說的都不同。子曰：「君子去仁，惡乎成名。君子無終食之間違仁，造次必於是，顛沛必於是。」（論語里仁）子曰：「夫仁者，己欲立而立人，己欲達而達人。」（論語雍也）當然，在論語中孔子提到的德性很多，如：孝、悌、忠、信、仁、義、禮...等，但他以「仁」包括一切的美德，以仁為品德的最高點，他的修養目標為「求仁」。文天祥在正氣歌並序一文即云：「孔曰成仁，孟曰取義…。」

中國稱亞聖的孟子，主性善說，善養浩然之正氣，強調寡欲養心，恢復善性。

　　孟子曰：「無惻隱之心，非人也，無羞惡之心，非人也。無辭讓之心，非人也，無是非之心，非人也。惻隱之心，仁之端也，羞惡之心，義之端也。辭讓之心，禮之端也。是非之心，智之端也。人之有是四端也，猶其有四體也，有是四端而自謂不能者，自賊者也。」（孟子公孫丑）孟子的道德理論強調仁、義、禮、智四端，一個人重在實踐此四端，若做不到，就是一個人自己賊害了自己。

　　荀子主性惡說，尚禮勵學，強調「化性起偽」，以教育來改變人性本有之缺失，使人行善，成為善人。他對禮樂之提倡，禮義法治的建立，有獨到詳盡的見解。

　　荀子曰：「禮者，法之大分，類之綱紀也。故學至乎禮而止矣。夫是之謂道德之極。」（勸學篇）顯然，禮是荀子的道德中心思想。荀子曰：「國無禮則不正」（王霸篇）；「禮義教化，是齊之也」（議兵篇）；「禮者，所以正身也；師者，所以正禮也」（修身篇），荀子認為學習為人處事應以禮為準繩。禮是「荀子」一書的核心，一共被提及 375 次，幾乎貫穿了全部的荀子學說。

成為一個完全的人
　　道德自我教育法

　　上述分析中，簡要地探討了東西方各三位先聖先賢的道德觀。我們發現他們對道德內涵有共同的主張，如：智、義、勇、仁、禮等，這些德目是東西方共同的普世價值，可以做為道德教育課程施教的重要內容。至於對道德內涵的看法不同之部份，可能肇因於不同國家、不同地區，有不同的傳統美德、不同的善良風俗習慣與先聖先賢的懿行懿德吧！

三、道德的發展

　　道德發展是學習、認同、模仿知善行善，知惡去惡的一種歷程。個體在出生之後，隨著年齡的增長，受到家庭教養、學校教育、社會風俗習性，與各社群的團體規範之影響，使得個體道德發展透過不斷的薰習而增進。

　　道德發展與個體的成長學習息息相關。但昭偉教授認為：「道德教育是指作為一個生物體的人，去學習扮演各種社會角色的活動。在認知上，個體能瞭解社會生活規範的基本內容或要求；在行動上，能遵守社會生活規範；在情意上，能接受社會生活規範的要求。」基本上，道德發展就是道德意識、道德實踐、道德情意的學習。在此，簡

介主要的道德發展理論，可作為父母或教師關心孩子或學生的道德發展狀況的重要參考依據。

（一）杜威（J.Dewey）的道德認知發展理論

杜威提出道德發展有下列的三個階段：

1. 道德前期或成規前期：個體的道德行為，主要源自於生物性或社會性的動機衝動。

2. 道德成規期：個體接受團體的規範，對團體的規約、標準不加以批判性思考。

3. 自律期：個體建立自己的道德觀，對團體或社會的規範作批判性思考。判斷行為的對錯，不僅考慮行為的結果，並能從動機的觀點進行分析判斷。

（二）亞皮傑（J.Piaget）的道德發展理論

亞皮傑以認知發展論為基礎，融入康德的道德觀，發現兒童的道德發展與認知的發展有階段性，因而提出三階段論：

1. 無律階段：四、五歲之前的兒童，其道德發展屬
   於這個階段。此期的兒童多為自我中心，人我不
   分，行為乃單純的感官動作反應，沒有集體規範
   與道德意識可言。

2. 他律階段：指五至八歲左右的兒童道德發展階段。
   此期的兒童把長輩、權威人物所訂的律則，視為
   神聖不可侵犯的，對既有的規約是盲目或被動的
   遵守。他們對行為對錯的判斷，只重在行為具體
   的結果，而不考慮行為的動機或意圖。

3. 自律階段：指八、九歲以後的兒童道德發展階段。
   此期的兒童有合作、互惠的道德觀，不再盲目信
   服成人的權威，能獨立地進行道德判斷，不認為
   道德規範是永遠不可改變的。兒童開始學做道德
   規範的立法者、執行者，甚至是道德規則的司法
   者。

（三）郭爾伯格（L.Kohlberg）的道德認知發展理論

　　郭爾伯格的理論建立在皮亞傑理論基礎之上，並從事
二十餘年縱貫式的跨國泛文化研究後加以發揚光大的理論

體系。他提出的三時期六階段的道德發展理論，如下所示：

一、道德成規前期：此期的兒童對行為的好壞或是非對錯，是根據行為的結果與快樂的獲得進行判斷的，以滿足自己的利益與需求，而且有盲目服從權威者的現象。本期又可分為下列二階段：

階段一：服從避罰取向：盲目地服從權威，遵守規範，只因害怕犯規而被懲罰。

階段二：相對利益取向：遵守規範乃因符合個人的利益，也符合他人的利益，進而從中換取相對的利益。

二、道德成規期：此期的人對行為的判斷標準，已能顧及家庭、社會、團體或國家之利益，不再只企求行為的立即具體結果。本期可分下列二階段：

階段三：尋求認可取向：此階段的人，很在乎他人對自己的觀點，他很想極力扮演好孩子的角色。

階段四：法律秩序取向：此階段的人，認為遵守法律，服從權威，善盡責任，維護社會安寧的作為，便是好的行為。

成為一個完全的人
　道德自我教育法

三、道德成規後期：此期的人在判斷行為時，已能顧及道德的普遍性原則與價值，不受任何外在因素的左右，並能建立自己的價值體系。本期可分下列二階段：

階段五：社會契約取向：遵守全體社會所決定的行為標準，除了法律以外，公眾所默認的社會規約也會遵守。

階段六：道德普遍原則取向：依據道德普遍原則來作為採取行動的最高指引依據。

四、道德的要素

前述的道德發展是有階段性的。一般而言，人的道德是由低階往高階逐漸成長、成熟，如兒童由無律發展至他律，最後再發展到自律階段。自律階段的道德認知、判斷與道德行為成熟度高於他律階段，他律階段又高於無律階段。

道德的發展要有基本的條件來具足，這些條件可叫做道德的要素，筆者認為有下列幾項要素：

（一）認知能力：智障重度者，智能低下，無法認知事實進行判斷思考，所以無法課以法律、道德的責任。

由此可知，認知能力是道德發展的基本要素，無認
知能力便無道德行為責任。

（二）意志自由：道德行為的表現取決於意志自由的抉
　　擇，當論及一個人的道德時，一定要先肯定他有意
　　志的自由，若無自由的意志，對其道德行為課以責
　　任，這是專制剝奪抉擇權利的作法。

（三）動機良善：道德的簡單定義可說是人與人間的適當
　　對待方式。在判斷人們互動行為是非對錯時，有重
　　動機論的、重結果論的，或是動機結果並重論。不
　　管是何種理論，對於一開始就懷有不善意圖動機的
　　行為者，都不會認同他是一位道德高尚者。

（四）　公平公正：美國道德哲學家佛蘭肯納
　　（W.K.Frankena）說：「道德是為人而設，不是人
　　為道德而活。」人類社會才有道德行為的產生，它
　　是人與人之間互動的一種規範。動、植物界為求生
　　存而發展，為了活下去而有各式各樣的行為展現，
　　但那些行為都不具道德意義，就如同我們不能說獅
　　子吃一頭水牛是不道德的行為。道德只存在人類生

活中，影響此時此地人類的生活行為，它具有公平公正性質，對每個人要求的標準一致。達到標準多的人，就是道德水準表現高的人；反之，就是道德水準有待提升的人。

（五）可執行性：道德表現於學習和成長的過程，脫離了活生生的生活實踐，道德就沒有多少意義了。道德應落實於人們的互動生活中，發揮良善的正面影響力，增進人們生活的幸福感。

（六）去除私利：自私自利的人，凡是較自我中心，少慮及他人的利益。在人際互動中，自私自利的人重視自己的私利，而不重視公益，形成一種利益不均等的關係，違反團體規範與個人權益均等的道德原則。

五、道德的主義

主義在英文中常稱為 Principle 或 Theory，是指一種原則或理論。網路上維基百科與百度百科所下主義的定義是：「主義代表理念或有完整體系的思想和信念，也可視為實現不同目標的不同方法。若在政治理論中，加上主義

這一後綴，往往就具有思想、運動、體制三種互為相關的內容。」

孫中山先生在民族主義第一講中所下主義的定義是：「主義就是一種思想、一種信仰，和一種力量。大凡人類對於一件事，研究當中的道理，最先發生思想，思想貫通以後，便起信仰，有了信仰就生出力量。所以主義是先由思想再到信仰。次由信仰生出力量，然後完全成立。」

由上列孫中山先生與維基及百度百科的解釋，可知主義不單是一種思想而已，它具有系統的理論和主張，使信仰者可將主義化為一種行動力量，俾利主義目標的實現。

在道德領域中，學者提出幾種道德主義，可做為我們實踐道德目標的參考，茲將其簡介如下：

（一）訓令主義（Prescriptivism）：這一學派的代表是哲學家哈爾（Hare），他把道德這事看作是一種語言，要明白道德是什麼，就只有研究道德的語言這個方法而已。道德語言具有下列特徵：

　　1. 它具有指導人的行為的特殊功能，道德是一種訓

令性的語言，此種語言具有道德判斷意味，教人應該怎樣去做事，它是用訓令的方法指示人們做事，而且強調知行必須合一。

2. 它具有普遍性，一個道德判斷規定該怎麼做，那在相同的情況下，每個人就該怎麼做，如此，才是真正的道德表現。

（二）情緒主義：視道德為感受。道德語言就在傳達自己的情緒態度，並試圖影響他人的情緒態度。作道德判斷其實就是在表達個人的感受，並且試圖慫恿他人也分享這種感受，俾利影響他人的行動。

（三）存在主義：哲學家沙特曾說：「人什麼都不是，把自己造成什麼，就是什麼。」人經由選擇來肯定價值時，不能僅靠外在權威或原則的支持。人在選擇時，唯一的憑藉是自己的判斷，自己決定選擇什麼，就自己要負全責，不能將責任外推。沙特認為凡是自由決定與實行的行動，都是合乎道德的。人每一次須按狀況自由選擇，畢竟世上沒有常用不變的指導原則。

（四）效益主義：主要代表人物彌爾（J.S.Mill）說：
「一件行動是對的，與它增進幸福的傾向成比例；
一件行動是錯的，與它產生和幸福相反的結果成比
例。」效益主義預設了善惡是可以計量的，不同的
善惡也可以比較。他們認為快樂、幸福是善的和值
得追求，以行為所產生結果的好壞來判定行為之對
錯。如果一項行為能增進人類最大的幸福與快樂，
它即是至善；反之，則是大惡。

（五）義務主義：強調對的行為在於遵守道德原則，重視
行為的動機而非行為的結果。主張我們可以個人的
良心與直覺來判定行為之對錯，或以存在的普遍性
道德原則，作為判斷行為對錯之依據。他們認為一
個人的行為完全出自一種義務的動機，那麼就可說
此人的行為在道德上是善的。

（六）德行主義：以亞里斯多德為代表，以德行來界定
幸福，所以其所著的倫理學被稱為「德行論」。亞
里斯多德認為幸福是人生追求的目的，更是一種追
求德行圓滿的狀態，人能處於一種圓滿幸福的狀態
也就是相當於處在有德的狀態。德行論關心的主題

成為一個完全的人
🍵 道德自我教育法 🍵

是「我應該成為什麼樣的人。」亞里斯多德認為只要是一個具備德行的人，他自然能做出正確的道德判斷。

六、道德的典範

隋朝民間有一位普通人，他因德高望重而被載入正史。這個人姓李名士謙，字子約，趙郡平棘人。父親英年早逝，他和母親相依為命。士謙侍奉母親非常孝順，母親過世，守完喪三年後，他捐出宅第為寺院。父母雙亡後，士謙戒食酒肉，注重修身，從不講別人的閒言碎語。

士謙家產豐厚，但仍過著粗茶淡飯的生活，常以救濟鄉民為要務，遇到沒錢治喪的人家，他便出資協助安葬亡者。士謙家的田地肥沃，種下的稻子長得好，收成也好。有一天，他看到賊兒在偷割他的稻穀，他默不吭聲地走開，以免嚇到賊兒。後來，偷割稻穀的賊被抓到，士謙命人放人，說：「就是因為窮困才使他這麼做，怎能責怪他呢？」

遇到災年，秉性寬仁的士謙拿出千石的穀糧，借貸給鄉民。第二年還是因災歉收，借糧米的鄉民，根本無法償

還。士謙不以為意還擺設酒席，把欠債的人都找來，當眾燒毀所有的借據。第三年，農作物大豐收，鄉民爭著來還他米糧，他以無憑無據為托詞，全部婉言謝絕。

幾年之後，天下發生饑荒，士謙搭建粥棚施粥，因他的善德，上萬的百姓得以存活保命。到了春天，他又拿出大批的種糧供給窮苦的鄉民耕種，大家都感念他的大恩大德。

開皇八年，李士謙去世，當地百姓得知消息，流著眼淚說：「我們這些人沒死，卻讓李君死了！」上萬的鄉民不約而同地聚在一起，參加李士謙的喪禮。眾人出資為他立碑，並鐫刻很長的墓誌銘，銘記他一生行善，無所求的崇高道德情懷。士謙在他所處的時代中，盡心竭力地完善自身之道德，史中以「賢哉李君」稱讚他，堪稱是道德的典範。

（附註：本故事改寫自2018年9月13日星期四，大紀元時報B4版）

成為一個完全的人
道德自我教育法

參考書目

1. 林火旺（民100）品德教育。新北市：國立空中大學。

2. 周兆祥（譯）（民77）。學校德育探究可以教小孩子做好孩子嗎（羅傑·斯特羅著）。台北：水牛圖書出版事業有限公司。

3. 劉秋木、呂正雄譯（民82）德育模式（Richard H. Hersh,John P.Miller,Glen D.Fielding原著）。台北：五南圖書出版公司。

4. 姜得勝（民99）道德力：重建臺灣核心價值，再現臺灣生命力。台北縣：群英出版社

5. 林文瑛、辜靖雅譯（民81）道德教育（村田昇編著）。台北：水牛圖書出版事業有限公司。

6. 盛杏湲譯（民75）道德國家（理查·威爾遜原著）。台北：桂冠圖書股份有限公司。

7. 黃文三（民96）道德教育。台北縣：群英出版社。

8. 歐陽教（民81）德育原理。台北：文景出版社。

9. 張家蕙（民85）中國倫理思想導論。台北：黎明文化事業股份有限公司。

10. 任卓宣（民71）國父底道德學說。台北：中央文物供應社。

11. 中華文化復興運動推行委員會（民70）倫理道德的理論與實踐。台北：中華文化復興運動推行委員會。

12. 單文經、汪履維譯（民77）道德發展與教學（Richard H. Hersh, Diana Pritchard Paolitto, Joseph Reimer原著）。台北：五南圖書出版公司。

13. 林明輝（民96）。九年一貫課程領域中道德教育實施的困境與因應策略之研究。國立台東大學社會科教學碩士班論文。

14. 陳鳳如、王漢龍（民99）。臺中市國小學生的道德發展現況及相關影響因素之研究。臺中教育大學學報，24（1），79-106（國立臺中教育大學）。

第三章 道德自我

第三章 道德自我

自我必須從道德中去實證，從大我中去
尋求，除此以外，別無他途。

吳怡（一束稻草，民 61 年 5 月再版）

　　美國學者 W.K.Frankena 曾言：「道德為了人，而非
人為了道德。」亞洲第一個民主共和國的創立者孫中山也
說：「有道德始有國家，有道德始有世界。」道德是人類
社會才有的一種規範，就其為一種社會節制系統而言，它
一方面像法律，一方面又像習俗和禮儀。

　　道德最簡單的定義可視為：人與人間的適當對待方
式。道德是人類的一種社會建構，它有促進其份子做理性
的自我指導或自我決定的動力。社會上有道德的人越多，

整體而言對社會是加分的，它會讓社會更和諧、更理性，讓社會成為道德社會，讓國家成為道德國家。

一、道德的功能

　　道德是一種規範，也是人類社會特有的一種節制系統，它有形無形地影響著生活於此系統中的每一個人，道德功能的發揮與否，將影響社會是否和諧與理性。道德的功能有如下幾項：

（一）判斷的功能：道德高尚的人，他的所言所行都會考慮到是否合乎法律、善良風俗與禮儀的要求。換言之，他在行動之前會做道德判斷，以檢示其行為是否合法、合理、合情與可行。

（二）規範的功能：道德的內涵與規準廣受社會大眾認可，雖然它不像法律那樣具有強制性，但是道德仍可作為判斷行為是非善惡的標準。因此，符合道德的行為，就被認為是合理善良的，反之，若一個人被指為不道德，那表示是對他整體人格的一種嚴肅的否定。

（三）克服孤獨感：子曰：「德不孤，必有鄰。」（論語里仁）品德高尚的人不會孤單，一定有志同道合者與其為伴。道德高尚者，無私無我，凡事會考量到他人的立場與福祉，具有同理心，設身處地為人著想，如此建立起來的人際關係是穩定持久的，他永遠不會孤單。

（四）使人長壽：依據2008年7月4日大紀元時報的報導，巴西醫學家馬丁斯對長壽老人經過十年研究發現，凡是長壽者，約90％左右的老人都是德高望重的。再從現代醫學的研究指出，道德良好的人與道德不好的人對人體健康及壽命的影響是截然不同的，德高望重者較長壽。

（五）自我價值：道德高尚的人，他的所行所言受到肯定與認可，在社會上有一定的聲望與影響力，成為他人學習的楷模，他被別人肯定與欣賞，連帶地他自己也會自我肯定，覺得自己活著也有價值。

（六）維繫人類的生存與發展：當人們有正確的道德認知、判斷與實踐時，就不會做出破壞自然環境、違

反社會秩序、毀壞社會和平的不道德行為。當人們的所言所行都是以道德為依歸時，就不會做出違法、不合理、悖離人情和不可行的行為，社會自然祥和，人類自然永續生存發展。

二、自我的主張

在本書第一章聊聊自我的內容中，僅對自我的意義、分析、功能與實現作一番論述，並未對自我的理論面與學者專家的自我主張作闡釋。這可能讓讀者對自我僅能粗淺的瞭解而已，而無法窺探心理治療學者或人格專家在自我研究方面所提出的理論與精闢的主張。以下為讀者介紹幾位在心理治療領域或人格理論界大師級人物的自我理論與主張：

（一）佛洛伊德（S. Freud, 1856-1939）的自我

佛洛伊德在 1923 年提出完整的人格結構論，他認為人格包括本我、自我、超我三者，這三部分是個統一體，而非各自獨立，彼此交互作用，形成一個人格能量動力系統。

佛洛伊德眼中的自我能量是來自本我，沒有本我，就

沒有自我。自我是人格結構中有意識、有理性的部分，依據「現實原則」，以理性思考方式，協調本我的需求和抑制超我，使人格發展平衡，同時滿足本我與超我的要求，並保護自我。

對佛洛伊德而言，自我功能的充分發揮是人格正常發展的要素，當自我無法理性地調和本我與超我時，造成人格結構的衝突與矛盾，形成個體行為與生存上的適應不良與困難，成為需要接受心理治療的患者。

（二）羅傑斯（C. Rogers.1902-1987）的自我

羅傑斯基本上認為人性是向善的，人是可信賴且具發展潛力，每個人都有能力改善自己生活上的問題，並謀求自我的充分發展。

自我是羅傑斯人格理論中的一個重要概念，自我從個人主觀經驗世界分化出來，它是由一連串的知覺和有關於「我」的種種價值所組成，也是個人主觀經驗世界的核心部分，具有適應、組織和創造的功能，個人的自我，乃是個人和他所知覺的「現實」之互動中發展而成的。

羅傑斯認為自我是人格的核心，自我發展是個體生長

的目標。自我對個人的行為有很大的影響力，一般而言，個人的自我都是和他的行為相配合的，例如一個人如果他認為「我有好歌喉，我很會唱歌，而且歌聲很好聽」那麼他就會常找機會在別人面前高歌一曲。

羅傑斯認為一個健康的人，他的自我應與他的經驗相符一致的，並能採取開放的態度，接受其他的經驗；反之，一個不健康的人，他的經驗和其自我觀念常不相符，他會採用防衛機轉來排斥對他具有威脅的知覺和經驗，如此，將有可能會妨礙他的自我發展。所以，羅傑斯認為自我與經驗之不相符，乃是造成個體不良適應與病態行為的原因。

（三）阿德勒（A.Adler, 1870-1937）的自我

阿德勒小時體弱多病，個子瘦小患有佝僂病，表現不是特別傑出。但是，他從小立志想成為醫生，透過不斷的努力，克服自身的缺陷與自卑，終於達到自己所期望的目標，成為一個充分自我實現的人。阿德勒的理論，很多源自於個人從小到大的生活經驗和奮鬥的體悟，如他所提出的自卑感、社會興趣、生活風格、目的論、追求卓越、創

造性自我等主要概念，都與他的成長背景與經驗相關。阿德勒自創「個體心理學」，在精神醫學領域裏，與佛洛伊德、榮格並列爲三大巨頭，他也被公認爲社區精神醫學工作的倡導者。

　　阿德勒強調人格的整體性，將人類視爲是無法再分割成若干不同部分的個體。阿德勒的自我這個個體，是結合精神與肉體、理性與感性、意識與無意識，而且相互作用，相輔相成，爲追求生命的意義和將來的目標而努力，這個自我即是創造性的自我。

　　阿德勒認爲人是具有利他傾向、人道精神、合作、創造、獨特與洞察作用的。人不是遺傳與環境影響的消極接受者，遺傳和環境只是提供了創造性自我塑造人格的材料而已，人具有開創命運的能力，而非僅是環境或遺傳的犧牲者，人擁有創造自己命運、改變自己生活的自由與力量。這個創造性的自我在人的生命過程中，可以創造經驗以幫助個人完成他獨特的生活方式，它使人格有一貫性、穩定性和個性，是人類人格中重要的因素。

（四）弗洛姆（E. Fromm, 1900-1980）的自我

成爲一個完全的人
　道德自我教育法

　　弗洛姆是法蘭克福學派的重要學者，世界著名的心理分析師、哲學家、社會心理學家及人文主義者，著作頗多，廣受閱讀者所喜愛，其中有多本著作如：愛的藝術、逃離自由、自我的追尋等有中文的譯本，也廣受臺灣地區讀者所歡迎，所以，弗洛姆的大名對臺灣人而言，不算陌生。

　　弗洛姆將倫理問題融入心理學研究當中，他認為「己所不欲，勿施於人。」是一項最基本的道德原則。他說：「對自己與他人生活的尊重，是生活本身所應該具備的，也是心理健康的一個條件。」他主張心理學不但應該揭露虛假的倫理判斷，而且也應該建立客觀和正當行為規範的基礎。在他多年從事心理分析的經驗中，提出神經病本身就是道德敗壞的徵象，一種神經病症狀就是道德衝突的表示，在神經病治療方面是否成功，端賴對神經病患者的道德問題的瞭解和克服。弗洛姆瞭解到心理學及精神治療與道德上的問題有密切關係，這便涉及倫理學了，因為倫理學在哲學上屬道德哲學的範疇。

　　弗洛姆認為人類的人格除非從整體來觀察，否則無法瞭解人格。人格上有一個核心的存在，儘管環境有所變遷，但這個核心始終不會改變，人也透過這一核心來確定

自己的本體，此核心正是「眞我」的實體所在。

　　弗洛姆強調人必須負起自己的責任，並且接受只有以自己的力量，才能夠使自己的生命富有意義。他說：「善是肯定生命，發揮人的力量。德行是對自己的存在負責，惡是人的力量的損害，而不道德則是對自己不負責。」他鼓勵我們認清自我，努力成爲眞正自我的本體，發揮自己的創造力，擺脫人爲痛苦的囚困而追求眞正的幸福。

（五）伯恩（E.Berne,1910-1970）的自我

　　伯恩是溝通分析的創始人，二十五歲獲醫學博士學位，曾完成精神科住院醫師訓練，從事團體治療試驗與精神分析研究。戰後，重新與著名的 Erik Erikson 一起作精神分析研究，他的研究結果與一九五〇年代中期大部分精神病學家的想法極不相同，於是他挑戰傳統精神分析治療的基礎假定，放棄傳統訓練，進行他的溝通分析研究。一九六四年，他所著的「人們玩的遊戲」一書在國際上成爲暢銷書；同時，他的新的溝通分析治療法，變得廣受歡迎。一九六〇年代末期，他的理論體系已幾乎建立完成了。

成為一個完全的人
　　道德自我教育法

　　伯恩的人性論是持反決定論的觀點，他的基本主張是：人都是善良的，每個人都有思考能力，人可以決定自己的命運，而人們所作的決定是可以重新再改變的。

　　一九六○年代的伯恩發現了三種自我狀態，所謂自我狀態是指一種思想和感覺的系統，這一系統直接與相對的一組行為型態有關。伯恩認為每個人的人格都有三種自我狀態，分別稱為「父母自我」、「成人自我」、「兒童自我」。

　　「父母自我」的狀態是指個體小時候模仿自其父母的行為；「成人自我」的狀態是指能依據事實與客觀的標準，對外界的情況加以評估，然後表現出理性合宜的行為；「兒童自我」狀態分為三種，「自然兒童」指天真而不造作的；「學者兒童」指能透過思考而做適當反應的，「適應兒童」指能從經驗或結果裏學習到一些生存與適應行為的。

　　針對上述所提的三種自我狀態，可進行結構分析，探討個人的思想、感覺與行為模式，分析個人的行為是哪一種自我狀態在操縱。一般人會在適當時機選擇最合宜的自我狀態，而且會讓三種自我狀態保持在平衡的狀態下，避免言行舉止趨於極端。

三、道德自我

自我功能的強化與發展，是許多心理治療學派的共同主張。因為，自我功能的充分展現，可調和個體的慾求與情感、衝動與理性，減少人格結構的內部矛盾與失衡，使人格和諧而具一致性，個體就沒有產生精神疾病的問題了。

已逝的心理分析學家弗洛姆曾說：「分析治療的目的在於將理性自我取代無理性的本能衝動。」根據多年的分析研究，他指出神經病症狀就是道德衝突的表示，要成功地治療此類型病患，就必須對此類型的病患的道德問題加以瞭解和克服。弗洛姆所提的神經病患者的共同現象，就是他們的「道德自我」沒有發揮正常的功能。

（一）道德自我的意義

當代新儒家的兩位主要代表人物之一，已逝的唐君毅教授，為自己寫了一部〝道德自我的建立〞的書。他說：「此書全是自己一人說話，書中對一理，雖亦曾反復辯論，然通通是自己與自己之敵對思想相辯論。…他人對我此書中所表現之思想，亦難清晰把握，…我此書寫作形式之一

成為一個完全的人
道德自我教育法

切缺點，都是由於它是為己而非為人。... 因我深信道德的問題，永遠是人格內部的問題；道德生活，永遠是內在的生活；道德的命令，永遠是自己對自己下命令，自己求支配自己、變化自己、改造自己。人必須要在自己真切的求支配自己、變化自己、改變自己時，才能有真正的道德意識之體驗。」他說的這些話，已將「道德自我」的意義彰顯出來了。

　　道德自我是唐先生道德哲學的主要概念，他給道德自我的定義是「能判斷吾人之活動善不善而善善惡不善之自我，即吾人道德理性自我，亦吾人之良知。」簡言之，真正的道德自我具有理性、合宜的選擇能力與自我監控之功能，它能令我們判斷一項活動的善與不善；讓我們喜歡善的活動，排斥不善的活動。換言之，真正的道德自我是要求我們要知善、樂善、行善的。

　　曾昭旭教授認為自我是一個歷程概念及修養概念，自我必須在成長的歷程中，不斷自我提醒、自我檢查、自我改正，以避免作出有礙於自我實現的錯誤選擇。當一個個體，可以自由地作合理的抉擇與合宜的行動，以達成自我實現的人生，這個個體就擁有完整的自我，而這個完整的

自我也就是道德自我。

　　杜威用磚與房子來說明道德自我與行為後果的關係，磚是建房的必需原料，但又不僅僅是原料，因為磚最後成了房子本體的一部份。同樣，行為及其後果是與自我不可分的，道德自我既彰顯自我，也形成自我和檢驗自我。

（二）道德自我的功能

　　道德自我是完整的自我，道德自我是要吾人知善、樂善、要善、行善的自我。一個人的道德自我包含了自我道德的認知、情感、意識、實踐等層面。唐君毅先生曾說：「我深信道德的問題，永遠是人格內部的問題。」因此，道德自我完整的人就是擁有健全人格的個體，他在知、情、意、行各方面有合理、合宜的行為表現。

　　道德自我的功能，有如下幾項：

　　　1. 在知的方面：具有健全道德自我的個體，他會對自身的意念，感性的慾望、要求等，進行反思和省察，進而作出合理的判斷與選擇，達到知善的境界。

2. 在情的方面：道德是學習和成長的過程，道德的形成必須通過自我以自身歸化的方式來完成自我道德的完善，任何外在的約束與強制的規範，都無法將道德內化於人格中。個體的道德情感非常重要，當他有樂善的情感動機時，道德自我就比較容易建立起來。擁有健全道德自我的人，都有樂善的人格特質。

3. 在意的方面：依據唐君毅先生的說法，道德自我是形而上的，它是能夠主宰外在具體形象事物，但卻是內在於人類的本然道德意識；道德自我是精神的、先驗的、自足的，不但具有引導人類有意識地超越現實自我的功能，而且也能夠規範人類在人文世界所作的種種活動，使之切合某種道德理想與價值。在意的方面，道德自我要求吾人作到〝要善〞的境界。

4. 在行的方面：道德自我是一個自我建構的過程，提升自我地不斷發展、不斷完善。道德自我具有行善性，以實踐道德規範，產生正面的善的體驗與力量，促進道德自我的精進與發展。

四、道德自我的典範

　　大宋祥符四年（公元 1011 年），邵雍誕生於河南衛州共城的百泉蘇門山腳下的家中，這是一個山明水秀的地方。

　　邵雍的父親邵古，性情簡樸淳厚，喜愛讀書。邵雍小時候受到父親的影響，養成了勤奮好學的習慣。雖然當時家境拮据，生活清貧，每日布衣蔬食，他從不叫苦，一面砍柴躬耕，奉養父母，一面發憤讀書，苦學有成。

　　隨著年紀的增長，邵雍感覺到除了讀萬卷書外，也須行萬里路。於是，他遊歷了黃河、汾水、淮河、漢水、考察齊、魯、宋、鄭之古蹟，開闊眼界，增長了見識。

　　當時的共城縣令李之才，是宋初華山道教學者陳摶老祖的三傳弟子，著名的易學家。他很擔心自己所精研的物理性命之學後繼無人。當他聽到邵雍上進好學的情況後，親自到百泉去見邵雍。雙方經過面談，他知道邵雍堅志苦學，立志成才，也希望得到他的傳授。於是，他便把河圖、洛書、伏羲八卦、六十四卦圖象等祕籍全給了邵雍。從此以後，邵雍便一心攻讀物理性命之學了。

成為一個完全的人
▓ 道德自我教育法 ▓

　　經過二十多年的精研苦思，邵雍終於掌握了這些典籍所蘊藏的奧妙，瞭解它們的精髓，明白天地運化，陰陽消長之理，在易學象數派中自成一家，先後完成皇極經世、觀物內外篇等物理性命學著作，成為中國一代易學大師。

　　邵雍認為理學研究的中心問題，是實現「內聖」的道路問題，「內聖」是指人的內心應該具備聖人之志德。那麼，如何實現「內聖」的道路呢？邵雍認為關鍵在於內心的修養。聖人之所以能夠立於無過之地者，就是因為他善於進行內心的修養。邵雍從物理性命學的研究中，體悟到人的立身處世、言談舉止都必須遵循天哩，方能達到「內聖」境界。因此，他一生都很注重自己道德的修養，他的立身、為人、行事，成為後世人們的楷模。

　　由於邵雍道德高尚，學識淵博，因此，深受人們的愛戴。他三十八歲時，遷居洛陽，教學著書，終身不仕，雖然如此，他卻有許多官場好友，如丞相富弼、司馬光等，這些大官都對他十分尊敬。很多官員過往洛陽，不到官府而必到邵雍家去拜訪他。

　　據宋史記載，邵雍出門時，常「乘一小車，一人挽之，

唯意所適。」所到之處，人們都爭相迎候。無論是成人還是孩童，見到他都很高興地稱呼：「我家先生來也。」更有甚者，模仿邵雍家房子的樣式在造屋者，以等候邵雍到來後居住，稱之為「行窩」。邵雍在人們心目中的威望可見一斑。宋神宗熙寧十年（公元 1077 年），邵雍病逝於洛陽，享年六十七歲。宋高宗紹興八年，詔稱邵雍「道德學術為萬世師」。（改寫自 2018 年 9 月 27 日大紀元時報 B4 版邵雍的道德學問）

參考書目

1. 孫石譯（民64）。自我的追尋（E‧佛洛姆著）。台北：志文出版社。
2. 唐君毅（民69）。道德自我之建立。台北：臺灣學生書局。
3. 宋湘玲、林幸台、鄭熙彥（民74）。學校輔導工作的理論與實施。高雄：高雄復文圖書出版社。
4. 王麗斐、張蕊苳等譯（民81）。諮商與心理治療的理論與實施（By G. Corey, 1991 Theory and Practice of Counseling and Psychotherapy）。台北：心理出版社。
5. 邱珍琬（民105）。圖解諮商理論與技術。台北：五南圖書出版股份有限公司。
6. 黃堅厚（民88）。人格心理學。台北：心理出版社。
7. 戴岳（民98）。找回失去的道德自我。線上檢索日期：2018年10月15日。網址：http://cdmd.cnki.com.cn/Article/CDMD-10635-2009197974.htm
8. 汪堂家（民94）。道德自我、道德情境與道德判斷-試析杜威道德哲學的一個側面。線上檢索日期：2018年10月15日。網址：http://chenboda.pixnet.net/blog/post/257031974-%E9%81%93%E5%BE%B7%E8%8
9. 曾昭旭（民100）。完整的自我應稱為道德自我-自我是什麼東西。線上檢索日期：2018年10月19日。網址：http://mypaper.pc.home.com.tw/wlyeh/post/1322370548
10. 未知（民107）。淺論道德自我與大學生道德教育。線上檢索日期：2018年11月15日。網址：https://www.xzbu.com/9/view-5455614.htm
11. 嚴家建（民87）。略述唐君毅先生的道德哲學-紀念唐先生逝世二十周年。線上檢索日期：2018年10月19日。網址：http://www.hkshp.org/zhesi/zs7/gart5.htm
12. 香港阿德勒心理學會（民107）阿德勒心理學介紹。線上檢索日期2018年12月25日。網址：http://www.hongkongsap.com/blank
13. 大田出版（民105）。阿德勒心理學：所謂未來，開始才有意義。線上檢索日期：2018年12月25日。網址：http://womany.net/read/article/11269

第四章

自我教育法

第四章 **自我教育法**

先哲已經明示我們，如果沒有能思考的
「我」，這世界就如同不存在了。

　　　　　　　　　　　　- 台大教授王鑫

　　道德自我是自我意識中的道德面向，指個體對自己的
道德狀態的看法和把握，道德自我使人成為道德行為的真
正主體，它是人存在的標誌。道德自我的建立與提升，不
僅對自我具有意義，而且對自我的精神生活和社會活動都
會產生深遠的影響。

　　道德自我是完整而且理性的自我，唐君毅先生認為道
德自我即是吾人之良知，它包括自我道德認知、自我道德

評價和自我道德調節等重要部分。道德自我會對自己的具體行動、各種品德特徵及道德面貌進行分析與評價，進而對自己的道德行為做控制、調整和修正，使自己能做出正確的抉擇，並表現出合理、合宜的道德行為，這是自我修養、自我成長、自我實現的完整歷程，也是達到宋儒邵雍所謂的「內聖」之必經的磨練過程，而使自我成為一個完全的人。

　　道德自我是個人道德生活品質的指標，也是個人自我修養所期盼達到的一個完善境界。道德自我的發展需要有一定的智力和生理發展成熟度為條件，而且它是一種可教育、可學習、可實踐的歷程，涉及到學習者的認知、態度與評價等層面。以下介紹幾種自我教育方法，供大家參酌：

一、優缺點大 PK

　　回想起我在當導師時，有一天班上學生正在走廊整隊，準備行進到操場參加升旗典禮，突然聽到一位同學喊著：「好無聊！又要到操場參加兒童朝會與升旗典禮。」我愣了一下，靈機一動，想到下午有綜合活動課程，可以指導同學好好地討論這個議題，於是趕快利用時間，製作

了三張簡單的學習單，俾供下午的討論活動使用。

當下午的綜合活動課開始時，我先進行引起動機的步驟，將早上整隊要去參加兒童朝會發生的事敘說一遍，然後對全班同學調查不喜歡參加兒童朝會的人數，接下來請同學討論是否參與兒童朝會的充分理由有哪些？並依據討論的結果作出合理、合情、合宜的抉擇，做為自己行為表現的準據。

這堂討論課的進行，我依教學步驟一項一項地說明：

步驟一：引起討論動機，如上所述。

步驟二：說明活動進行流程與計分標準（優點一項加1分，缺點一項扣1分。）

步驟三：將全班同學分組，每組4至6人，每組都要有男、女同學。

步驟四：發下第一張學習單（請詳列參加兒童朝會的優點有哪些？）給各組，各組在組長帶領下，充分進行討論，將想到的優點一項一項寫在學習單上，最後統計共可加幾分，將加分寫在學習單右下角，此流程在八分鐘內完

成。

　　步驟五：發下第二張學習單（請詳列參加兒童朝會的缺點有哪些？）給各組，其餘作法如同步驟四，最後請各組統計要扣幾分，將其寫在學習單右下角。

　　步驟六：請各組拿出第一與第二兩張學習單，統計自己組別的得分是正幾分或負幾分？

　　步驟七：發下第三張學習單給各組，請各組回答第三張學習單上的問題（第一題：經過討論後，你們這組得到的優點多還是缺點多？有沒有需要再補充更正的地方；第二題：在比較第一、第二兩張學習單後，你們這組得分是正幾分或負幾分；第三題：經過分數統計後，你們這組對是否參加兒童朝會的主張是贊成還是反對？支持你們主張的理由有哪些，請把它詳列出來）。

　　步驟八：請各組派一位代表，依序上台報告各組的主張，及支持主張的理由有哪些？在代表報告的過程中，聆聽同學若有質疑處，可舉手示意，徵得代表的同意後，可起身發表自己的意見。

步驟九：教師做最後的統整，引領同學就各組的報告進行反思，協助各組檢視他們的主張是否合情、合理、合法與可行？

　　優缺點大 PK 活動之優點如下：

1. 此法簡單易行，教師知道實施流程後即可進行，不必準備很多教具、教材，甚至發三張白紙給各組即可。

2. 各分組同學都可充分討論，腦力激盪，集思廣益，針對問題深入探究。

3. 針對問題的優缺點進行分析比較，對問題的本質與真象有進一步的瞭解。

4. 一個人面對問題時也可實施，只要有一張白紙、一枝筆，在白紙中間劃一條分隔線，左邊是優點羅列處，右邊是缺點詳列處，即可進行優缺點大 PK 個人活動。

此法之缺點如下：

1. 不適用在年紀較小，認知能力不足的學生身上，

因為他們的批判思考能力未成熟，無法提出正反面的充足理由。

2. 分組時要注意成員的異質性，組員中最好要有會帶領討論的成員，否則討論的內容與品質可能不佳。

二、蘇格拉底對話法

蘇格拉底在西洋哲學史上，堪稱為一生探究真理，追尋真理，為真理殉道的哲人。他一生述而不作，重要的主張為「知德一致」、「知行一致」、「知識就是幸福」，自覺無知，強調認識自己的重要性。羅馬時代的哲人西塞祿（Cicero 106-43B.C.）曾說：「蘇格拉底是第一位將哲學，從天上召喚至地上的人。」蘇氏的觀點：探索自我是個人研究哲學的起始。

蘇格拉底是一位看重概念知識的思想家，他與學生進行討論時，使用對話法於教學上。這種方法是以各種問題，一步一步地詢問學生，讓學生說出某概念是什麼，再由他的檢驗而指出其不當之處，然後再讓學生反覆不斷地修正其不當之處，層層向上，直到學生的概念清晰而達至

真理為止。有一例子可說明此教學法的精神，蘇格拉底曾問一位戍守戰場的士兵：（蘇指蘇格拉底，兵代表士兵。）

蘇：「勇敢是什麼？」（技巧性問話）

兵：「勇敢就是在戰事惡化時，固守陣地。」

蘇：「不過，假設戰略上要你放棄的話？」（提出不同事例）

兵：「那時你就不能堅守，否則就是愚蠢。」

蘇：「那麼你同意，勇敢既不是堅守，又不是棄守。」（提出對勇敢是否要重新定義）

兵：「我想是的，我不太清楚。」

蘇：「啊！我也不知道。也許勇敢就是用用你的頭腦，你怎麼說？」（提出不同的推論）

兵：「不錯，就是用用你的頭腦。」

蘇：「那麼，我們至少可以試探地說，勇敢是心靈的表現 - 緊急情況中的正確判斷？」（提出歸納後的推論）

兵：「不錯」。

　　由上述的對話案例，歸納得知蘇格拉底對話法有四項要素：（一）技巧性問話；（二）提出不同例證；（三）重新再定義；（四）歸納推論。學者洪慧涓指出，蘇格拉底對話法如同認知治療與理性情緒治療，運用問話的過程，來瞭解個體推論的理由，將個體不適應與不合理的假設，修正為較合乎邏輯與合理的假設，以產生合乎現實與適宜的情緒。

蘇格拉底對話法在教學上的優點如下：

（一）可適用於個人、分組、團體的教學上。

（二）教師瞭解此法的要素與精神，便可輕易地應用在教學上。

（三）可以實際發生的重大案例或學生生活經驗中的事例來進行教學，讓教學生活化，生動化。

（四）此法可增進學生對話與思考、分析的能力。

蘇格拉底對話法在教學上的缺點如下：

（一）年紀小，認知能力不足，口語溝通能力太差的學生，不適合在他們身上實施此種教學法。

（二）此法可讓學生獲得正確的認知與概念，但如何將概念轉化爲行動，並無所言。

三、現實治療法

現實治療法的創始者葛拉塞（W. Glasser）早期曾接受心理分析的訓練，在退伍軍人管理中心及加州大學工作期間開始對心理分析的做法不滿意，他認爲心理分析理論過於被動、命定的，甚至有時是無效的。一九六五年時，他出版「現實治療法」一書，由於其理論淺顯、方法簡明；實行之後效果卓著，成爲心理治療界中廣受歡迎的一個派別。一九六七年，葛拉塞於洛杉磯創立了「現實治療協會」自任會長，後來該協會改名爲「William Glasser 協會」，專門從事現實治療理論與方法的訓練，至今已有超過五萬五千人接受過協會的專業訓練。「William Glasser 協會」另外成立「教育者訓練中心」，專門訓練教育工作者如何運用現實治療法促進教育功效。根據學者 Corsini（1984）研究指出，在青少年工作以及在軍中的臨床治療中，有百分之九十以上利用現實治療法做爲治療酗酒及吸毒者的主要方法，且效果卓著。所以，現實治療法在心理治療領域中占有重要的地位是毋庸置疑的。同時，現實治療不只在

美國成為主要的心理治療方法之一，在世界各國也受到廣大的歡迎。

現實治療是一種認知行為療法，選擇理論是它的基礎，它強調人需要為自己在生活中所作的選擇負責。葛拉塞表示：「人對自己的行為不能負責，是因為有病；而人有病，是因為對自己的行為不負責。」葛拉塞主張不負責任是需要被治療的基本原因。現實治療要個案負起責任，發揮自我功能，把握當下此時此地之現實情境，做出正確合理之抉擇，然後付之行動，滿足個案的基本需求，完成行動的任務。現實治療不接受任何藉口、理由或拖延，懷著永不放棄的精神輔導個案，擬定計劃，承諾負責，採取行動，使個案達到改變的目標。

葛拉塞具體提出現實治療八大步驟，讓治療者或老師可熟練這些步驟，以協助個案或學生學會用更好的方式累積個人的成功經驗，逐步地達到行為最終改變之目的。此八大步驟敘述如下，俾供讀者參用：

（一）和個案做朋友，建立溫暖、支持的關係，並要個案認真看待自己所選擇的生活方式。

（二）集中注意力在個案的日常生活上，問此時此刻「你在做什麼？」

（三）問個案「你現在做的事對你有幫助嗎？」

（四）幫助個案擬訂一個可以做得更好的計劃。

（五）請個案對計劃做承諾。

（六）不接受藉口地去執行。

（七）不懲罰並鼓勵個案去執行。

（八）永不放棄，直達目標。

現實治療法的優點如下：

（一）理論淺顯，方法簡單，有明確的技術與步驟，對治療師、諮商員、老師、父母而言，確實是個好用的教育方法。

（二）在各種不同的團體中可以有效地運作，目前已有斐然成績的情境包括：教育機構、矯正機構、心理衛生機構及私人診所。

（三）根據葛拉塞的研究，現實治療的理論與方法可實際
　　　應用於學校教育情境中，幫助學生將所學的知識運
　　　用在生活中，減少學生失敗認同的產生，使學生能
　　　獲得學習所引起的成功經驗，進而願意努力學習。

現實治療法的缺點如下：

（一）現實治療法強調三R：現實（Reality）、責任
　　　（Responsibility）、對或錯的判斷（Right-and-
　　　wrong），認知能力太弱者，無法察覺自身的責任
　　　與處境，對是非善惡也不能做正確價值判斷。所
　　　以，現實治療法無法適用在這種認知能力不足的人
　　　的身上。

（二）現實治療法強調現在並不重視過去；強調意識層面
　　　並不重視潛意識；重視現在行為而非情感與態度，
　　　給人一種不夠深入的誤解。

四、六 E 教學法

　　國民教育法第一條揭櫫「國民教育以養成德、智、體、
群、美五育均衡發展之健全國民為宗旨」，五育的養成是
我國國民教育的目標，培養五育兼具的國民，則是在落實

全人教育的內涵。德為五育之首，是教育的核心本質之一。我國自古以來甚為重視德育的實施，從早期的修身課程、生活與倫理、道德與健康到教育部的品德教育推動方案，德育一直是學校教育最重要的工作項目。最近，教育部鼓勵學校採用六 E 多元創新教學法來推動品德教育、六 E 教學法是依據美國波士頓大學教育學者瑞安的五 E 教育模式，再增添自我期許而形成的創新教學模式，它能提升學生的道德自我，是實施德育教學的有效方式之一，茲依序簡述其流程如下：

步驟一：提供榜樣（Example）：榜樣就是值得子女或學生模仿學習的對象，通常他們在立德、立言、立功等方面有傑出的表現，是身教、言教的最佳代表，也是道德的示範者。這樣的楷模提供給子女或學生來學習，讓他們可以見賢思齊，學習到良好的言行舉止與態度。

步驟二：溝通解釋（Explanation）：在學習模仿的過程中，受教者若有不瞭解或挫折發生時，施教者透過對話與解釋，澄清受教者的誤會，解除他的疑惑，使其心生崇敬感佩之意，彼此相互了解，相互包容接納，如此，學習效仿的功能，自然得以發揮。

成為一個完全的人
道德自我教育法

步驟三：善用勸勉（Exhortation）：依據正增強原理，當受教者表現出預期的行為時，適時地給予正增強，則其預期行為再出現的頻率會大為提升。當受教者表現出楷模的示範行為時，施教者馬上給予正向的激勵，如此對型塑受教者的良好行為，將有很大的助益。

步驟四：淨化環境（Environment）：好的心理環境會給受教者心靈安定感及安全感，滿足他的心理需求，對他的精神層面的發展助益良多。好的物質環境是指沒有不良的誘因存在，使其無法誘使受教者學到不良的行為。

步驟五：探索體驗（Experience）：讓受教者將學到的良好行為與習慣，表現在他的日常生活中，讓他體驗良好行為所帶來的影響與效益，這就是做中學的原理。

步驟六：自我期許（Expectation）：一個人有正向行為的自我期許，日常生活中就有正確的方向指引著行為的表現。所以，正向行為的自我期許，是一個人良好行為成長的動力。

五、文學故事方式

　　每個小朋友都喜歡聆聽故事，生動的情節與曲折多變的內容深深地吸引著小朋友，令他們留下深刻的印象。偉人傳記、歷史故事、神話寓言、繪本等等文學作品，深受小朋友的喜愛，教師可以善用這些具有啟發思考的文學素材，讓學生能夠體會、同理、思辨作品中隱涵的道德原則與事例。

　　在學校教育階段，閱讀指導屬於語文課程的重要項目，文學故事的閱讀可融入德育的啟發與指導。國外學者Kirschenbaum 的研究指出，文學故事對於學生德育教育方面有三項價值：一、是吸取新知，並與自我經驗中的理性與感性加以連結；二、是強化學生想像與道德敏感度，並且開拓多元思考空間；三、是引發學生對故事中角色的模仿與理解同情，並增強傾聽與表達能力。（引自李琪銘，2007）

　　教師引導學生看完或說完故事後，應適時穿插討論與反思，讓學生就下列問題充分地研討：一、故事所描述的內容是些什麼？二、為什麼故事是如此進展或舖陳？三、假如你是故事中的人物，你會如何？四、這給你什麼啟發

與啟示？五、試就你所知，對故事中的人物作一評價。六、你要如何將所學連結或應用到日常生活？

運用文學故事來指導學生德育的實施，須注意下列事項：一、故事的選擇要適合學生的程度，太罕見或艱深的，學生可能難理解，以致造成後續討論的障礙；二、教師的引導非常重要，尤其在討論與反思的流程中，須引導學生深思與探究，避免將教師個人的主見與意識形態，強灌在學生身上；三、教師不能傳遞給學生單一面向的價值或德行，教師最重要的是培養學生的道德反省與批判思考的能力。

六、議題中心教學法

一九九六年時，美國社會科教育學會在當年年會上將問題教學法或相關公共議題的教學法等，統一命名為議題中心教學法（issues-centered approach）。此一教學法乃藉由爭議性議題的討論，鼓勵學生主動參與學習和討論，在互動中透過對話表達各種不同的想法，培養學生反省思考的能力，能夠站在不同的角色上來思考，進而建構自己最後的新觀點。議題中心教學法有多種模式，其中以結

構性爭論模式、探究模式與做決定等三種教學法最具結構性，本文主要聚焦在結構性爭論模式的介紹上。

在議題中心教學法對國小學生批判思考能力影響方面，劉美慧與潘志中（民 92）以準實驗研究法並配合問卷調查，對原台北縣實踐國小六年級兩班學生進行的研究結論指出：（一）、議題中心教學法可以提升學生批判思考能力；（二）、低社經背景的實驗組學生的批判思考顯著優於控制組；（三）、整體而言，學生覺得議題中心教學法有助於提升自己的學習興趣與能力；（四）、有 84％的學生喜歡議題中心教學法。由此研究得知，議題中心教學法可善用於學校教育情境中，藉以培養學生的溝通、表達、反省、批判、包容等多元的民主態度與情操，是一種值得介紹與推廣的教學方法。

Johnson 與 Simth 的議題中心教學法結構性爭論模式，在國內經廖添富、劉美慧、董秀蘭（民 87）等人之修正，成為一種三階段結構性的教學模式，簡述如下：

階段一：引導教學階段，教師的主要工作有：

1、選定相關議題；2、說明相關議題的主要概念與教

學活動進行步驟；3、將學生分組，一半組別是贊成觀點，另一半是反方；4、提供參考資料，幫助學生組織自己的觀點；5、指導學生閱讀資料並準備具說服力的觀點；6、協助學生把握討論主題及進行多方思考。

階段二：討論議題階段，教師的主要工作有：

　　1、贊成的學生提出觀點，反方注意聆聽、作筆記並提出問題；2、反方提出觀點，贊成方注意聆聽、作筆記並提出問題；3、贊成方與反方的學生互換立場；4、互換立場後，重複 1 及 2 小步驟；5、小組成員摒棄立場，嘗試達成共識；6、小組將達成共識的觀點，寫下並發表；7、接受全班同學的諮詢及進行答辯。

階段三：補充教學階段，教師的主要工作有：

　　1、對上次上課的討論進行講評；2、挑戰學生立場，刺激學生再思考；3、補充、澄清相關概念和問題。

　　這個修正模式的教學步驟與時間節次，明示如下供參：

結構性爭論模式教學步驟	時間（分）	節次
一、引導教學	40	一
二、正方陳述觀點反方聆聽、紀錄、發問	8	二
三、反方陳述觀點正方聆聽、紀錄、發問	8	二
四、正反雙方互換立場	2	二
五、新正方陳述觀點，反方聆聽、紀錄、發問	7	二
六、新反方陳述觀點，正方聆聽、紀錄、發問	7	二
七、小組嘗試達成共識	8	二
八、小組對全班發表達成的共識（含報告、質詢、答辯）	40	三
九、教師補充、澄清相關問題，刺激學生再思考	40	四
總　　計	160	四節

（引自劉美慧、潘志忠、民92）

此修正模式的教學法，有如下優點：

（一）教學步驟、時間節次安排明確，容易學習，容易應用。

（二）鼓勵學生主動參與活動和學習，培養學生表達、溝通、反省、批判的能力，是一種以學生為主體的學習活動。

（三）根據研究結論顯示，此種教學方法能提升學生的學習興趣與產生成就感，增進學生對議題的瞭解以及提升日常生活應用的能力。

成為一個完全的人
道德自我教育法

此修正模式的教學法，有如下缺點：

（一）討論議題的選擇，是由教師決定？學生討論後擇定？亦或是師生共同討論決定？有時不易分辨哪種作法是最適當的。

（二）整個教學流程中，教師扮演引導者，教師保持中立立場。教師要自我提醒與時時反思，避免受到自身的主觀意識與正反雙方學生觀點的影響，才能扮演價值中立的角色。

（三）學生必須主動參與分組討論，對議題的正反面進行分析探究，因此學生必須具備溝通、表達、組織、分析、批判等認知能力，認知能力發展未達要求或水準的中、低年級學生，可能不適用本教學法。

七、現實治療法應用實例

（一）個案研究分析

1. 基本資料：

個案姓名：吳○○；年齡：十一歲；性別：男；家中排行：老么；就讀年級：小學五年級；身心狀況：身體發育良好，心理正常無異狀。

2. 個案行為描述：

藉由與個案中、低年級導師及相關授課科任教師的訪談，輔以查閱個案的學籍紀錄表、輔導資料紀錄，最後再進行個案家庭電話訪談的結果，發現個案的問題行為有如下幾項：

A. 學習意願低落：缺乏學習興趣與動機，上課無法專心聽講，注意力不能集中，喜歡在下面玩弄自己帶來的小東西，有時會作弄旁邊的同學。習作與回家功課不是沒寫完，就是遲繳，經常被老師處罰或留下補寫完作業。

B. 生活習慣不良：晚睡晚起，早上都要父母多次叫喚才能勉強起床，常常來不及吃早餐，就被趕著去上學！到校後，時常到了十點多還未把早餐吃完。放學回家後，不是玩耍就是看電視。晚餐時間到了，父母叫了三、四次，還是守在電視機前面。洗澡時間到了，經父母多次喊叫，才勉強去沐浴。晚上經常拖到最後才要開始寫作業，寫沒多久時間，就想昏昏欲睡了。

C. 人際關係不佳：上課愛作弄同學，常發出怪聲，同學都不喜歡坐在他旁邊。有時為了吸引老師的注意，會作一些奇怪的動作或打斷老師的講課，常被老師叫去坐在最前面的特別座上。下課時與同學玩耍，常因小事而鬧脾氣，愛與同學爭吵計較，同學覺得他很難相處。

D. 認知與是非觀念不清：個案較自我中心，常憑著自己的的想法來處事，母親不能滿足他的慾求時，會對她大小聲抱怨。平常與同學相處時，大多指責別人的不是，埋怨別人待他不好，而不會想到自己是否有該檢討的地方？

E. 藉口多，常請假：一學期大約請假十至十五天，請假的理由五花八門，常常因為一些小事，或是作業未寫完，就找藉口請假不來上學了。

3. 個案背景資料：

家庭狀況：

A. 家庭生態：三代同堂的家庭，成員有：溺愛的祖父母、父母、大姊、二姊、個案共七人。

B. 祖父母：年齡皆已超過七十歲，健康狀況尚可。
　　每日早睡早起，生活習慣與家人不太相同，與兒
　　子、媳婦互動尚好，觀念保守，有點重男輕女，
　　對孫子還算疼愛。

C. 父親：在私人公司上班，擔任小主管。平日忙於
　　工作，較常加班，早出晚歸。有時又有交際應酬，
　　在家時間不長，與子女互動不多。

D. 母親：家庭主婦，料理家庭內外各項事務。照顧
　　公婆，準備三餐，接送孩子上下學，管教孩子。

E. 大姊：就讀國中三年級，在校成績中上，行為舉
　　止各方面表現尚可。一星期大約有二、三個晚上
　　要補習英、數、理化，與大妹、小弟互動的時間
　　不多。

F. 二姊：就讀國中二年級，個性外向，活潑好動，
　　喜歡結交一些朋友，對課業不是很投入，成績平
　　平。在家中與小弟互動時間雖多於大姊，但他們
　　之間的關係也不是很好。

成為一個完全的人
道德自我教育法

4. 家庭經濟狀況：

家中有田產，祖父母仍健在，家族之中伯、叔之間未分祖產。父親擔任私人公司小主管，是家中經濟的主要來源，月薪五萬左右。祖父母的奉養由父親兄弟來分攤所需的經費，所以家中生活尚好，屬小康家庭。

5. 父母管教情形：

父親忙於工作，無暇管教子女，但他表示仍然很重視子女的各方面狀況。如果孩子考試成績表現優異，父親會給予金錢、禮物等物質性的獎賞。母親除了公婆之外，還要照顧教育三位子女，忙裏忙外，顯得力有未逮。在課業上她無法指導孩子，僅能不斷督促要求孩子把課業看完寫完，孩子都覺得母親很愛唸、很嘮叨，不太愛與母親溝通。

6. 個案的施測結果：

A. 瑞文氏彩色 CPM 測驗：由常模判斷為智能中上。

B. 瑞文氏非文字 SMP 測驗：由常模判斷爲智能中上。

C. 社交計量測驗：在班級中很少有同學選他爲朋友，大多數同學不喜歡他，個案也說他不喜歡很多同學。

7. 分析與診斷：

A. 家庭因素：

　　個案之家庭爲三代同堂之型態，祖父母寵愛最小之男孫，母親也常要二位女兒多禮讓小兒子，小兒子受到無微不至的呵護，予取予求，變成家中的小霸王。父親又重視子女的成績，儘量滿足子女物質性的需求。母親管教子女之方式與公婆未必一致，也沒能掌握基本的原則，給予子女良好的指導。父母基本上是較放任式的管教，孩子功課寫完，成績不要太差，行爲不要變壞就可以了。對於孩子的生活習慣與態度方面，從未加以指導、糾正，管教上沒有做到掌握時機進行適當的機會教育。

B. 學校因素：

個案上課分心，作業常缺繳，學習意願低，長期累積下來，影響他的學業成就表現。生活習慣與行為態度不佳，與同學相處常發生磨擦與爭辯，造成人際關係不佳。對於老師的教誨，漫不經心，同樣的問題與錯誤，經常重複發生，個案在老師心目中，負面評價遠多於正面。

C. 個案因素：

個案從小較受寵溺，父母未給予即時適當的管教，造就了個案認知扭曲與我行我素的行為表現。根據各項測驗與平日的觀察訪談，個案的智力與其他方面的能力都是正常，曾經在月考中，也有良好的成績表現。造成個案現今人際關係不佳，學業成就有待提升的主因，可能是個案的錯誤認知與不良的生活習慣。治療者若能矯正個案的認知扭曲，讓他戒除延宕的習慣，不要讓個案有藉口而負起自己的責任，個案將有能力完成自己的任務。

以下是現實治療法澄清個案認知，要個案擯棄藉口，承諾負起責任，完成任務的一次會談紀錄：（S代表個案，T代表治療者）

　　T：今天在學校生活與學習的情況，OK嗎？

　　S：嗯！嗯！都一樣啦！

　　T：一樣是指跟以前相同，還是有哪些方面？你可以再說清楚的。

　　S：今天我有一樣作業沒繳，比以前進步了。以前，一天當中常有二、三樣沒繳，現在只有一樣沒繳。上課時，老師也說我進步多了。

　　T：你說：「上課時，老師說你進步多了。」你能舉例或說得更明白些？

　　S：現在我上課發出怪聲或作弄同學的次數少很多！

　　T：你說次數少很多，那還有幾次做不到！

　　S：嗯！嗯！一天當中，大約有5次做不到。

　　T：根據你的說法，遲交作業、發出怪聲與作弄同

學的次數確實比以前少了。你的努力，我很肯定；你的進步值得鼓勵。這些好表現，要我轉知你爸媽嗎？

S：嗯！可以是可以啦！但我覺得可以再更進步！

T：很好！你自我要求的標準提高了，這種現象值得稱讚。我們已經面談了六次，之前也共同討論很久，徵得你的同意，我們有訂一份改善計畫，你也承諾可以依計畫來改變你的遲繳與一些不當行為。依計畫的進度要求，你沒有完全達標。

S：嗯！我知道啦！但是我覺得我進步很多！

T：在前三次的面談中，我們討論了作業遲繳、上課發出怪聲與作弄同學等作為對你的影響。你也知道這樣做會影響你的學習成績、人際關係與同學、老師對你的負面評價了。那你現在還會表現出這些不當行為，你覺得你應該說出：「我已經進步很多了！」這樣的話嗎？

S：我覺得我沒有達到計畫的標準，我說太多，但做得沒有那麼多！

T：好！你知道自己的問題了！你會覺得之前訂的計畫標準高了些嗎？要不要修正一下？

S：之前的計畫是經過很久的討論後才訂定的，不太容易再修得更好，我努力做好自己該做的，就可以了。

T：很棒！你會往自己該做的方向前進，相信你會做得更好，我們一起加油！

S：我們一起加油！前進！謝謝！

參考書目

1. 曾瑞真（民87）。現實治療理論與實施。台北：天馬文化事業有限公司。

2. 劉紀盈、劉孟臻（民100）。實用的子女教養指南。台中：自象文化事業有限公司。

3. 張傳琳（民92）。現實治療法：理論與實務。台北：心理出版社股份有限公司。

4. 朱玲憶、林美薰（譯）（民89）。當代心理治療的理論與實務（R. J. Corsini&D. Wedding原編）。台北：心理出版社股份有限公司。

5. 徐宗林（民69）。西洋教育思想史。台北：文景出版社。

6. 許智偉（民101）。西洋教育史新論-西洋教育的特質及其形成與發展。台北：三民書局股份有限公司。

7. 李琪明（民96）。德育理念與實踐。載於教育部編印，德智體群美五育理念與實踐（9-53頁）。台北：教育部。

8. 彭孟堯（民104）。思考方法。台北：新學林出版股份有限公司。

9. 劉美慧、潘志忠（民92）。議題中心教學法對國小學生批判思考能力影響之實驗研究。花蓮師院學報，16期，頁53-88。

10. 王鑫（民83）。看！岩石在說話。台北：張老師出版社。

11. 李瑞玲（民85）。現實治療-小計畫立大功。載於學生輔導雙月刊44期，頁24-35。台北：教育部訓育委員會。

成為一個完全的人
㊑ 道德自我教育法 ㊑

第五章
道德自我之精進

第五章 道德自我之精進

任何的投資，都比不上投資
自己。

- 股神巴菲特

一、道德自我的重要

論語一書，由孔子及其弟子合力完成，是古代儒家
思想的代表著作。在論語一書中，〝君子〞這一語詞出現
了一百零七次，孔子用它來描述道德高超的人。君子對孔
子、孟子及荀子而言，是具備仁、義、禮、智、信等美德
的人，也是儒家思想所追求的人格完美者。從漢代董仲舒
罷黜百家，獨尊儒家之後，儒家思想影響歷朝歷代超過千
年，中國在政治、經濟、社會、文化各層面皆受到儒家思
想的薰陶，教育方面也不例外，其主要的目的在培養像君

子這種完美人格的人。

　　古時候的中國，君子擁有崇高的社會地位，君子在日常生活中的言行舉止，正可為一般人民學習的楷模。他的道德良知高尚，自我要求嚴謹，能夠判斷是非，知善行善，做有益於社會人心的事功，是道德自我臻於完美的人。我想不管是古代，還是現代，國家社會都殷切需要具有君子般完美人格特質的國民，當每位國民具有良好的道德自我素質，則社會就會成為道德社會，國家就成為道德國家了。由此可知，國民道德自我素質的良窳，影響整個國家社會的道德風尚的好壞。由此可見，道德自我的培育與精進是多麼地重要！

二、道德自我教育的特徵

　　俄羅斯學者伊・謝，科恩研究顯示，兒童的自我形象在兒童道德自我形成上，起著非常重要的作用。兒童的自我整個穩定性，與他的道德理想發展穩定有密切關係。當個體自我確立牢固的自己人生觀立場以後，個體才能獲得穩定的道德自我。此研究告訴大家：道德自我的培育必須從兒童時期便開始，經正規教育及非正規教育長期的耳

濡目染，潛移默化，形塑兒童健全的自我形象以後，才能確保其道德自我穩定成長。由此可見，道德自我之教育時時在發展著，日日在進行著，與兒童的日常生活密切結合著。道德自我教育的特徵是：沒有固定的施教場所，沒有固定的施教人員。兒童所處環境中的人、事、地、物，都可能影響著、教育著兒童，只是有的影響是正向的教育，有一些可能是負向的教育。師長的教育責任是：為兒童選擇良好的學習環境，教導他擁有正確的認知，判斷是非曲直的能力，並學會做合宜的選擇。這種教育方式與內涵，不受時空限制，沒有固定教材，沒有固定內容，隨時隨地發生，與兒童的生活教育、隨機教育密切結合著。

三、道德自我教育精進之心法

道德自我教育隨時發生於兒童日常生活中，與他所接觸的人、事、地、物密切相關。面對這種隨時發生，常常產生影響的潛在教育，我們如何來精進其成效呢？

道德自我是個體內部人格結構的一部分，相當於佛洛依德人格理論中的超我。個體道德自我之功能顯現於道德意識、道德情操、道德判斷及道德實踐四方面。換言之，

成為一個完全的人
道德自我教育法

一位道德自我完美的人，他擁有良好的道德意識，高尚的道德情操，可以做正確的道德判斷，以及堅持實踐良好的道德。由此可知，道德自我涵蓋個體的認知、情意、判斷與實踐四個面向。當我們掌握了道德自我的四個向度，即可對其提出精進之心法：

　　心法一：建立兒童合理的認知：認知是一個人對外在事物的看法與觀點，有正確的看法與觀點，才能瞭解外在事物的本質與真象，進而協助我們掌握事實，做出合宜的反應。

　　如何建立兒童合理的認知呢？這裏提供一個歷程模式供參考：

　　第一步：停：鼓勵兒童面對問題時，先緩和情緒，放下腳步，冷靜思考，不要急著做出反應。

　　第二步：看：想想看，以前有沒有發生過類似的情況可供參考？以前有沒有看過類似的資料，可提供有用的資訊給我？我須不須要去找相關的資訊來看，以增強我處理這件事的知能？

第三步：聽：我可以請教師長，或是有相關處理經驗的人，聽聽他們寶貴的建議，好讓自己不會不知所措地去面對問題。

心法二：培養兒童高尚的情操：兒童的優勢能力是好奇心、模仿力，師長掌握住兒童的關鍵能力，與黃金成長時期，提供安全、溫馨、正向的環境，供兒童學習成長。鼓勵兒童多多閱讀偉人傳記、繪本，提供他們多多接觸好人好事的學習機會，在長久潛在課程的耳濡目染下，兒童高尚的情操自然而然就建立起來了。另外，本書第四章提的六 E 教學法、文學故事方式，非常適合運用在兒童的情意教學方面，各位師長不妨嘗試去運用，說不定也能發揮良好的成效哩！

心法三：教會兒童正確的判斷：通常幼小的兒童是無法判斷事物的好壞，因為他的認知能力發展未達到一定的成熟度，生活經驗也不足。所以，他知道有這個事物的存在，但不能區分它價值的高或低。做判斷是一種價值的選擇，它必須經過一系列的運思過程，對事物的方方面面做利弊得失的分析，然後選擇明顯的利多於弊的事物來執行，如此，才能帶給自己益處，避免弊害的產生，而打擊

成為一個完全的人
道德自我教育法

到自己的志氣與信心。本書第四章所提的優缺點大PK法、蘇格拉底對話法、議題中心教學法等，可以指導學生自覺反省，蒐集事件的正、反方意見，然後對事件進行各項利弊得失的分析比較，再從中選擇對自身有利的事情來執行，讓自己可以趨吉避兇。師長可參考這些教育方法，適當地融入相關領域或活動來施教，相信對學生正確判斷的能力，是能有所提升及助益的。

心法四：鼓勵兒童持續地實踐：道德自我的完成，必須兼顧認知、情操、判斷與實踐四者，缺一不可。能知不能行，能行不能知，兩者都不是真知。道德不能停留在知的階段，一個有道德意識的人，在做好道德判斷後，必須將道德生活落實於日常人際互動中，這樣道德才真實存在，道德才有意義。如果沒有人群的存在，道德也失去它存在的價值了。這就是美國學者 W. K. Frankena 說：「道德為了人，而非人為了道德。」這句話的真義所在。離開人類社會，就沒有道德的存在了。道德是規範人類社會生活互動的一種規則，有了道德規範，人才知道什麼行為可做，什麼行為不能做。有了道德，才讓人類社會生活更美好。師長有義務指導兒童於日常生活中，實踐道德的行

為，讓兒童順利融入群體生活中，完整地進行社會化的教育歷程，使其長大後，成為一位有用的社會人。至於如何指導兒童於生活中持續地實踐道德行為，師長們可參考本書第四章中所提的現實治療法。它提供一系列明確的步驟，與學生建立關係，澄清學生的認知思考，協助學生訂定實施計畫，要學生承諾執行合理可行的計畫，鼓勵學生永不放棄，不接受任何藉口，直到學生實踐了計畫為止。我相信這種指導法，對學生能夠持續實踐道德生活，是幫助非常大的。

參考書目

1. 唐君毅（民69）。道德自我之建立。台北：臺灣學生書局。
2. 張祥浩（民83）。唐君毅思想研究。天津：天津人民出版社。
3. 李彥儀譯（民106）。君子與禮（柯雄文著）。臺北：臺大出版中心。
4. 佟景韓等譯（民81）。自我論（伊‧謝‧柯恩著）。北京：三聯書店。

國家圖書館出版品預行編目 (CIP) 資料

成為一個完全的人：道德自我教育法 / 劉紀盈作 . -- 臺中市：
劉紀盈出版：白象文化事業有限公司總經銷 , 民 110.10
　　面；　公分 . --
ISBN 978-957-43-9409-8　（平裝）

1. 德育 2. 道德 3. 自我教育

528.5　　　　　　　　　　　　　　　110017024

成為一個完全的人
─道德自我教育法─

作　　者：劉紀盈
發 行 人：劉紀盈
校　　對：劉紀盈
出 版 者：劉紀盈
　　　　　電話：04-23366540；23310627
　　　　　傳真：04-23366542
　　　　　E-mail：jingying73@gmail.com
總 經 銷：白象文化事業有限公司
地　　址：401 台中市東區和平街 228 巷 44 號
購書專線：04-22208589
印　　刷：財政部印刷廠
　　　　　電話：04-24953126
出版日期：中華民國 110 年 10 月
定　　價：220 元
ISBN:978-957-43-9409-8　（平裝）